U0092347

The
Story of
Moderation

中庸的故事

中國孔學會理事長
劉瑛　著

前言

一、中庸是什麼樣的一本書？

《中庸》原係《禮記》四十九篇中的第三十一篇，獨立成書，由來已久。《漢書・藝文志》列《中庸說》二篇，未著撰人。《隋書・經籍志》列有宋（南朝）散騎常侍戴顒《禮記・中庸傳》二卷。梁武帝《中庸講疏》一卷、《私記制旨中庸義》五卷。至宋代，由於道學興起；朱熹承程顥、程頤之後，將《大學》、《中庸》、《論語》和《孟子》列為四書，研究《中庸》的學者逐漸增多。茲將《宋史・藝文志》中所列各家研究《中庸》的書目表列於後：

作者	書名	備註
項安世	中庸說一卷	
司馬光等六家	中庸大學解義一卷	
四先生	中庸解義一卷	程頤、呂大臨、游酢、楊時。後三人都是程門弟子。
錢文子	中庸集傳一卷	
倪思	中庸集義一卷	
袁甫	中庸詳說二卷	
趙順孫	中庸纂疏二卷	
謝興甫	中庸大學講義三卷	
陳堯道	中庸說十三卷	
楊時	中庸解一卷	程門弟子。
郭雍	中庸說	
郭忠孝	中庸說一卷	程門弟子。
呂大臨	中庸一卷	程門弟子。
胡先生	胡先生中庸義一卷	
程顥	中庸義一卷	郡齋讀書志作中庸解一卷。
司馬光	中庸大學廣義一卷	
石憝	中庸集解二卷	
晁公武	中庸大傳一卷	
喬執中	中庸義一卷	
游酢	中庸解義五卷	郡齋讀書志作「游氏中庸解一卷」。 游為程門弟子。
晁說之	中庸篇一卷	晁公武郡齋讀書志有列出，晁公武稱作者為族父。無名。可能是晁說之。

從上表看來，研究《中庸》的人比研究《大學》的人多很多。尤以宋代為盛。宋仁宗且曾御書《中庸》賜給王堯臣。經過二程一朱的努力，至宋寧宗朝，四書之目始定。《明史・藝文志》中，經部初立四書一門。

另一個說法是：最早表彰《中庸》的，是范仲淹。康定用兵時，張載上書謁范仲淹言兵事。范文正公對他說：「名教中自有樂地，何事于兵。」因勸張載讀《中庸》。（見《宋史》卷四百二十七本傳）

二、書名為什麼叫《中庸》？

鄭玄《目錄》云：「名曰《中庸》者，以其記『中和』之為用也。庸、用也。」（《禮記正義》引）程伊川說：「不偏之謂中，不易之謂庸。中者、天下之正道。庸者、天下之定理。」（楊時：《中庸解》序）郭忠孝

《中庸說》中稱：「中為人道之大，以之用於天下國家。」又說：「極天下至正謂之中。通天下至變謂之庸。」朱熹《中庸章句》中說：「中者，不偏不倚。無過不及之名。庸、平常也。」綜合各家所言，我們認為朱熹的說法最為精確。他承程伊川的解說，更予精密化。

總之，《中庸》一書，所以開大原，立大本（王柏：古《中庸》跋）乃是聖學之淵源，入德之大方也。（楊時：《中庸解》序）

三、中庸是誰作的？

《史記》卷四十七《孔子世家》載：「孔子生鯉，字伯魚。伯魚生伋，字子思。……子思作《中庸》。」

歷代學者，根據司馬遷的《史記》，都同意《中庸》為子思所作。《禮記正義》引鄭玄《目錄》云：「孔子之孫子思伋作之《中庸》，以昭明聖祖之德。」

只有清俞正燮所著《癸巳存稿》二中，有引葉酉〈再與袁隨園書〉，認為《中庸》可能是漢儒所撰。他的論點是：孔、孟俱為魯人，舉山，必定舉泰山。如：孔子曰：「曾謂泰山不如林放？」孟子說：「登泰山而小天下。」中庸引山卻稱「華嶽而不重。」華山在長安，顯示作者係長安人，引長安之山！

這一點「證據」說服力不夠強，以居于內陸的文人而言，他們可能一生世從沒見過海，若是他們的詩文中出現一個海字，我們便斷定他是居於沿海城市的人嗎？

錢基博《四書解題及其讀法》一書中辯道：「然見《隋書・經籍志》著錄多存漢魏舊說，亦稱《中庸》為子思所撰。」孔子九世孫孔鮒作《孔叢子》。其中說：「子思十六歲，到了宋國，和宋國大夫樂朔談學。兩人的意見相左。子思最後說：『道為之者傳，苟非其人，道不傳矣！今君何似之甚也。』樂朔不悅，他的手下把子思給圍起來。宋君聽說了，救出子思。子思因說：『從前周文王被囚於羑里，作《周易》。祖君（指祖父孔夫子）困於陳蔡，作《春秋》。吾困於宋，可無作乎？』於是撰中庸四十九篇。」

史遷《孔子世家》只說子思「嘗困於宋」。而孔鮒把子思困宋的經過卻說得煞有介事。而且說：子思十六歲撰《中庸》。以十六歲的年紀寫出《中庸》這樣的書，可能紀年有誤。按《史記》，子思活了六十二歲，我們相信他是《中庸》的作者，但撰書年紀似乎不太正確而已。

四、《中庸》的篇章

《中庸》一書，雖然字句都差不多，但各種版本，所分篇章，卻大大不同。《禮記正義》分全書為兩卷，三十六節。宋晁說之撰《中庸傳》一卷，把全書分為八十二節，朱熹《中庸章句》分為三十三章。將書截為三段：

「首章，子思推本傳之意以立言，蓋一篇之體要。其下十章，則引先聖之言以明之也。至十二章，又子思之言。其下八章復引先聖人之言明之。二十一章以下至於卒章，則又皆子思之言。反覆推明，以盡所傳之意者也。」（朱熹《書中庸後》）

王柏訂《古中庸》，因襲朱熹的章句，析為二篇。上篇自第一章至二十章，以中庸為綱領。其下諸章推言智、仁、勇，以解說中庸的意義。下篇自第二十一章至末章，以「誠」、「明」為綱領。詳言天道人道，皆以闡明「誠」、「明」之道。

黎立武撰《中庸》分章一卷，共十五章。自「天命之謂性」至「萬物育焉」為第一章。「仲尼曰」至「惟聖者能之」為第二章。「君子之道費而隱」至「察乎天地」為第三章。「子曰道不遠人」至「君子胡不慥慥爾」為第四章。五、「君子素其位而行」至「反求諸其身」。六、「君子之道」至「父母其順矣乎」。七、「子曰鬼神之為德」至「治國其如示諸掌乎」。

八、「哀公問政」至「不誠乎身矣」。九、「誠者、天之道也」至「明則誠矣」。十、「唯天下至誠」至「故至誠如神」。十一、「誠者自誠也」至「純亦不已」。十二、「大哉聖人之道」至「蚤有譽於天下者也」。十三、「仲尼祖述堯舜」至「天地之所以為大也」。十四、「唯天下至聖」至「其孰能知之」。十五、「詩曰：衣錦尚絅」至「無聲無臭至矣」。

明管志道《中庸訂釋》，凡三十五章。清李光地撰《中庸章段》一卷，則分為十二章。一、「天命之謂性」至「萬物育焉」。二、「仲尼曰：君子中庸」至「民鮮能久矣」。三、「子曰道之不行也」至「強哉矯」。四、「子曰所隱行怪」至「誠之不可掩如此夫」。五、「子曰：舜其大孝也歟」至「其如視諸掌乎」。六、「哀公問政」至「雖柔必強」。七、「自誠明」至「明則誠矣」。八、「惟天下至誠為能盡其性」至「純亦不已」。九、「大哉聖人之道」至「此天地之所以為大也」。十、「唯天下至聖」至「故曰配天」。十一、「唯天下至誠為能經論天下之大經」至「其孰能知之」。

十二、「詩曰衣錦尚絅」至「至矣」。

《中庸》一書，本是脉絡貫聯。章分太碎，意欠融貫。而漢（代）人卻好在書中妄加「子曰」二字，也會截斷文理，多生枝節。清俞樾《達齋叢說・中庸說》中曾予切論。他說：

子曰：「中庸其至矣乎！民鮮能久矣！道之不行也，我知之矣！知者過之，愚者不及也。道之不明也，我知之矣。賢者過之，不肖者不及也！人莫不飲食也，鮮能知味也。道其不行矣夫！」此數語本一氣貫注。「民鮮能」句，即包下「不行」、「不明」兩意。而「不行」由於不「明」，故用「鮮能知味」一喻，而以「不行矣夫」為唱歎之語以結之！漢人于此加兩「子曰」，遂使一章變成三節，而語轉不了矣！

說得很有道理。

五、中庸和佛道的關係

我們小時所讀四書，都是朱熹集註本。朱熹集理學之大成。蕭公權《中國政治思想史》中說：「理學家多受佛學的衝擊和道教的影響，融會調和，遂成一新穎嚴密的哲學系統。」是以朱註中，不免受了佛、道思想的影響。錢基博所著《四書解題及其讀法》一書中，於論及《中庸》時，他說：

《中庸》一書，內貫易理，外通道佛。

佛教者，智信圓融之教也。

世界宗教，無不根植於「信」，而見破於「智」。以故科學與宗教不兩立，乃至與哲學亦相違牾。惟佛教則不然！其利樂有情，始於由「智」生「信」。復終於由「信」轉「智」。釋尊四十九年之說法，最初說「有」，其次說「不有而空」。最後乃說「究竟」。即非空非有之中道。……佛法以中道為究竟義，儒家以中庸為第一歸。中庸之以「誠」、「明」互修，猶如佛法之貴「智」、「信」圓融。「自明誠謂之教」，教之始於由「智」生「信」也。「自誠明謂之信」，道之終由「信」轉「智」也。

這是說《中庸》和佛法相通、錢氏復云：

易六十四卦三百八十四爻，一言以蔽之，曰：「中」而已矣。子思（孔子之孫孔伋）昭明聖祖之德而作中庸，其義蓋本之易。

《莊子・齊物論》曰：「彼亦一是非，此亦一是非。果且有彼是乎哉？果且無彼是乎哉？彼是莫得其偶，謂之道樞。

樞始得其環中以應無窮。「是」亦一無窮。「非」亦一無窮也。……為達者知通為一，為是不用而寓諸庸。庸也者，用也。用也者，通也。通也者，得也。通得而幾已。因是已！是以聖人和之以是非，而休乎天鈞。」雖為言不同，而言「中」，言「庸」則一。

然則中庸之書，蓋道出於易，而旁通于道佛書者焉！

錢氏之解說，自有他的見地。

其前，明朝學者焦竑的《焦氏筆乘》中，也有將《中庸》和佛法相比的說法：

誠而明，天命之謂性也。明而誠，修道之謂教也。楞嚴經：「性覺妙明，本覺明妙。」孤山注曰：「即寂而照曰妙明。即照而寂曰明妙。」與此意相同。

六、一些有關《中庸》的論說

誠。李邦直說：「不欺就是誠。」徐仲車說：「不息就是誠。」程（頤）伊川說：「無妄之謂誠。」所謂「不欺」，真知實理之當然，無一念之欺。不欺是著力去做功夫。善未明，不敢自謂已明，必求其明才罷休。身未誠，不敢自謂已誠。必求其誠而後已。所謂思誠者，人之道也。至於無妄，無妄者，實埋自然，無一毫之妄。李邦直之以不欺為誠，是指工夫為本體。遺卻誠字正面。是努力而致。不如无妄之自然。徐仲車以不息為誠，是將功用作道理。和至誠無息之解不同。（參閱朱熹編《近思錄》）

周濂溪說：「誠為無。」朱子解說：誠是真實無妄之謂。無為者，實理自然，不涉人為，人生而靜，此理真實無妄，當然無為。寂然不動之中，能守最初的靜、正，便是天地的全人。（《近思錄》）

程伊川說：「喜、怒、哀、樂未發，叫做「中」。所謂「中」，便是寂然不動。（性是水，情是波。情即是性。喜、怒、哀、樂、愛、惡、欲，靜止未發，便是水。發出來，變成波了。「文王一怒而安天下之民。」也就是說，文王這一怒發出來，合乎大道。所以說是「發而中節」。發而中節便是和。（參考《近思錄》卷一）

伊川說：「天所賦為命。物所受為性。」（《近思錄》）

程（頤）明道說：「生之謂性，性即氣。氣即性。生之謂也。」朱子解說：「生是氣，生之理是性。然氣非理不立，理非氣不行。人生而成形，氣與理俱。」明道又說：「人生氣稟，理有善惡。……有自幼而善，有自幼而惡。是氣稟有然也。善、固性也。然惡、亦不可不謂之性也。」（《近思錄》）

伊川說：「凡物有本末，不可分本末為兩段事。」朱子解釋說：「一物之末，本亦具手其中。不可分本末為兩段事。理、形而上者也。本也。事，形而下者也。然事必有理。就是說：末不能遠離本。如灑掃應對，末矣。

是其然，事也。必有所以然，理也。事有本末，理無本末，故不可分為兩段。」（參閱《近思錄》）

伊川說：性就是理。天下的理，原其所自來，無有不善。喜、怒、哀、樂未發，何嘗不善？發而中節，則無往而不善。發而不中節，便是不善了。（參閱《近思錄》）

程伊川說：「在天為命，在義為理，在人為性，主于身為心。其實一也，心本善，發于思慮，，則有善有不善。若既發，則可謂之情，不可謂之人心」。（《近思錄》）

《中庸》、《大學》，後世所謂理學。古人則入于《禮記》者，《仲尼燕居》云：「子曰：『禮也者，理也。』」《樂記》云：「禮者，理之不可易者也。」故理學即禮學也。（《東塾讀書記》）

中庸其至矣乎？可以知，知非至也。及其至也，雖聖人有所不知焉。可以能。能非至也。及其至也，雖聖人有所不能焉。非聖人不能知、不能能也，中庸不可能，聖人亦不能之也。不可能則為至道。不能之則為至德。以至德凝至道，冥其情以反乎中之謂也。（焦竑：《焦氏筆乘續集》卷一）

這些論說，都是一甲子前筆者讀大學上「中國政治思想史」課時，承教授盛成先生的指示，從圖書館中找來的資料。對於了解《中庸》、《孟子》中所說的性、知、情、心、氣等字眼，當有若干幫助。特錄于此，供讀者參考。

民國一百年國慶日

脫稿於淡水尚海山房

目次

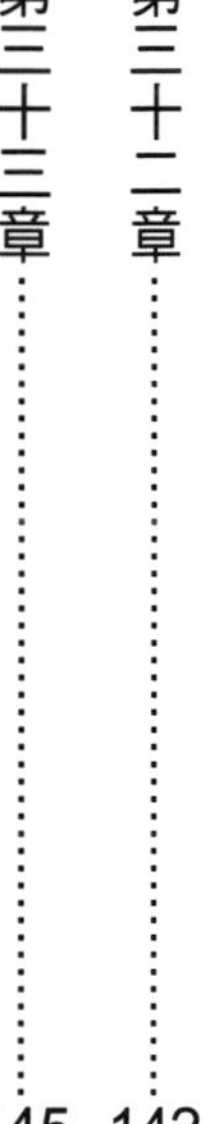

第一章

原文

天命之謂性①，率性之謂道②，修道之謂教③，道也者，不可須臾離也；可離，非道也。是故，君子戒慎乎其所不睹，恐懼乎其所不聞④。莫見乎隱，莫顯乎微⑤，故君子慎其獨也。

喜怒哀樂之未發，謂之中⑥；發而皆中節，謂之和⑦。中也者，天下之大本也；和也者，天下之達道也⑧。致中和⑨，天地位焉，萬物育焉⑩。

譯文

人性乃上天所命。遵循本性而行便是道。把道修得盡善盡美便是教。人是片刻不可離開道的。如果可片刻離開，那就不是道了。

是以君子在別人看不見、聽不到的地方，也要特別謹慎警惕。誠惶誠恐，不可在隱密的地方，或微不足道的小事上，現出差錯。

人是有喜、怒、哀、樂、之情的。情藏在心裡未發作出來時，稱為「中」。發作出來合乎常道，便是「和」。「中」是天下的根本。「和」是天下的大道。達到中和的境界，像天地，便各得其位。像萬物，生長繁殖。

註釋與分析

①性——

天生萬物，各有本性。常言說：「龍生龍、鳳生鳳，老鼠的兒子會打洞。」打洞便是老鼠的本性的一部分。牛、馬吃草，獅、虎吃肉，魚潛于淵，鳥飛經天，這都是天性使然。人類也有人的本性。人性也和魚、鳥之性一樣，乃上天所賦與。

②率性之謂道——

魚率性而游，鳥率性而飛，人也要依人之天性行事，率性而為，便是道。只不過，鳥獸只知道「任」性所之，人類卻要在率性而為之時，加以調整，加以修正。

③修道之謂教——

天生萬物，只有人類才知道教育，知道教化。我們要按照人類的最高道德規範，把這個「道」整修得平直完美，達到至善的地步。

④是以君子戒慎乎其所不睹，恐懼乎其所不聞——

所以，君子在人看不見、聽不到的地方，也要特別謹慎警惕，誠惶誠恐。因為，曾子說的好：「十目所視，十手所指。」不要以為人看不見，聽不到，其實，沒有事能瞞得了人。

⑤莫現乎隱，莫顯乎微——

因為「十目所視，十手所指」，是以不要在隱密的地方、或微不足道的小事上，不加注意。

⑥喜怒哀樂未發謂之中——

賀瑒云：「性之與情，猶波之與水。靜時是水，動則是波。靜時是性，動時是情。」（《焦氏筆乘》卷一）喜、怒、哀、樂、愛、惡、欲，人之七情。未發之時，靜如止水，澹然泰然，不偏不倚。這種境界便是中。

⑦發而皆中節謂之和——

中節、符合法度，中規中矩。「文王一怒而安天下之民。」文王這一怒，可說是中節的。這便是和。

⑧中也者，天下之大本也。和也者，天下之達道也——

「中」是天下的根本。「和」是萬物遵行的大道。

⑨致中和——

達到中和的境界。

第二章

原文

仲尼曰①：「君子中庸②，小人反中庸。君子之中庸也，君子而時中③；小人之反中庸也，小人而無忌憚也。④」

譯文

孔子說：「君子行事，以中庸為原則。小人卻拋棄中庸之道。君子以中庸為原則行事，是以君子時時能達到中庸的要求。小人不理會中庸，是以小人行事，無所忌憚。無所不為。

註釋與分析

①仲尼——

孔子，名丘，字仲尼。

②中庸——

不偏不倚之謂中。中者，天下之正道。無過無不及之謂。庸者，天下之定理。（前引楊時語）庸者、用也、平常也。

③君子之中庸也，君子而時中——

君子中庸、所作所為，總以無過無不及為準則。時常能達成「中」的境界。

④小人反中庸，小人而無忌憚也——

小人不顧中庸，甚至違反中庸之道，所以，小人無所忌憚。無所不為！

第三章

原文

子曰：「中庸其至矣乎！民鮮能久矣①」

譯文

孔夫子說：「中庸可能是太高深了吧。人們很少能長久實行它！」

註釋與分析

①子曰：「中庸其至矣乎！民鮮能久矣。」——見《論語》〈雍也〉子曰：「中庸之為德也，其至矣乎！民鮮能久矣。」其、推測之詞。鮮、很少。中庸可能是太高深了吧？人民很少能長久實行它。（或：很少有人能實行中庸。）

第四章

原文

子曰：「道之不行也①，我知之矣：知者過之，愚者不及也②。道之不明也，我知之矣：賢者過之，不肖者不及也③。人莫不飲食也，鮮能知味也。」

譯文

孔夫子說：「中庸之道不能實行，我知道是什麼原因了。聰明人自以為太過了解其中的道理。不肯實踐。愚笨的人又不懂得其中的道理，不能實踐。中庸的道理不能明白於天下，我知道是什麼原故。賢明的人已超越了中庸的規範。不肖者又沒有本領去了解它。人沒有不飲食的，卻很少有人能知味。」

註釋與分析

①道之不行也——

道，中庸之道。不行，未能實行。

②知者過之，愚者不及也——

知、同智。聰明的人，過於明白中庸的道理，以為不足實行。愚笨的人卻又不懂中庸的道理，不知道要如何去實踐。

③道之不明也，我知之矣。賢者過之，不肖者不及也。——

中庸之道不能使人人明白他的用處，因為，賢明的人已超越了中庸的規範。不肖之徒又沒有本領去明瞭它。人沒有不飲食的。但飲水、吃食物的人，甚少能知味。

第五章

原文

子曰：「道其不行矣夫！」

譯文

孔子說：「中庸之道大概是難以實行了吧！」

註釋與分析

孔子認為「知者過之，愚者不及」。「賢者過之，不肖者不及。」都不能實踐中庸之道，了解中庸之道，失望之餘，他不免感歎：「中庸之道大概是無法實行了吧！」

第六章

原文

子曰：「舜其大知也與①！舜好問而好察邇言②；隱惡而揚善③，執其兩端，用其中於民④，其斯以為舜乎！」

譯文

孔夫子說：「大舜大概是極其聰明的人吧？喜歡發問，又喜歡研究（觀察）日常淺近的話。包容別人家的壞事，宣揚人家的好事。掌握正反兩方面的意見，（研究）找出一個折中的、合理的辦法，去治理人民。這才是偉大的舜帝呢！」

註釋與分析

①舜其大知也與！——

其、常常有推測的意思在內：舜、大概是極其聰明的人吧！

②好問而好察邇言——

喜歡發問。又喜歡研究（觀察）日常淺近的話。好、讀皓，去聲。動詞。愛好的意思。

③隱惡而揚善——

掩蓋別人的壞事，宣揚別人的好的作為（善事）。

④執其兩端，用其中於民——

掌握正反兩方的意見，（加以分析、研究）找出一個折中的合理的辦法，去治理人民。這才是大舜呢！

第七章

原文

子曰：「人皆曰：『予知』①。驅而納諸罟、擭、陷阱之中②，而莫之知辟也③。人皆曰予知。擇乎中庸，而不能期月守也。④」

譯文

孔夫子說：「人都說：『我很聰明。』把他趕到捕獸的網子、木籠或陷阱之中也不知道躲避！人都說：『我聰明。』選擇實行中庸之道，卻連一個月都支持不了。」

註釋與分析

①人都說：「我很聰明。」

②驅而納諸罟擭陷阱之中——

罟：捕獸的網。擭：裝有機關的捕獸的木籠。陷阱：捕獸的深坑。上有偽裝，下有利刃。把（聰明）人趕到捕獸的網子、木籠或陷阱之中。

③莫之知辟也——

辟：避。不知道躲避。

④擇乎中庸，而不知期月守也——

（自命聰明的人）選擇、認識了中庸的道理，卻連實行一個月都辦不到！

第八章

原文

子曰：「回之為人也①，擇乎中庸，得一善，則拳拳服膺而弗失之矣。②」

譯文

孔夫子說：「顏回的為人呀，選擇中庸之道。發現一件好的事、理，便緊緊記在心中，不讓失去。」

註釋與分析

①回——

顏回，魯人，字子淵。少孔子三十歲。是孔子最喜歡的門生之一。（《史記》卷六十七〈仲尼弟子列傳〉）他的為人是：選擇中庸之道。

②拳拳——

用拳頭緊握不放。服：著，放置。膺：胸。得一善，則拳拳服膺而弗失之矣：發現一個善的道理或事，便牢牢記在心中，不讓失去。

第九章

原文

子曰：「天下國家可均也①，爵祿可辭也②，白刃可蹈也③，中庸不可能也④。」

譯文

孔夫子說：「天下國家可以成功的治理。俸祿可以放棄。鋒利的白刃也可跨過，中庸的道理卻難以實行！」

註釋與分析

①天下國家可均也——

天下，周天子所統治的天下。各國，周天子統治下的各諸侯國。均，平均、公平。天下國家可以成功的治理。

②爵祿可辭也——

爵位、俸祿可以放棄。

③白刃可蹈也——

鋒利的刀刃可以跨過。

④中庸不可能也——

中庸的道理卻行不通。（說明實行中庸之道十分不易！）

第十章

原文

子路問：「強」①。子曰：「南方之強與？北方之強與？抑而強與②？寬柔以教，不報無道③，南方之強也。君子居之④，衽金革⑤，死而不厭⑥，北方之強也。而強者居之⑦。故君子和而不流⑧，強哉矯⑨！中立而不倚，強哉矯！國有道，不變塞焉⑩，強哉矯！國無道，至死不變⑪強哉矯！」

譯文

子路問：「怎麼才是強？」孔夫子說：「你是問南方人所說的強、還是北方人所說的強？還是你自己心目中的強？用寬大、柔順的精神感化別人，對蠻橫無禮的行為也不予報復。這是南方所說的強。君子信守這種強。以兵器甲胄為臥席，雖死不悔。這是北方所說的強。剛強的人信守這種強。君子性格平和，不隨波逐流。多堅強呀！居中庸而不偏頗，多堅強呀！國家政治清明，不改變志向。多堅強呀！國家政治混亂，至死不改操守。多堅強呀！」

註釋與分析

①子路問強——

子路，孔子弟子仲由，字子路，卞人，少孔子九歲。（《史記》卷六十七〈仲尼弟子列傳〉）他問孔子：「什麼是強？」

②南方之強與？北方之強與？抑而強與？——

是南方所說的強？是北方所說的強？還是你認為的強？與：疑問語氣的助詞。如同「嗎」？「呢」？抑：還是。而：你。

③寬柔以教，不報無道——

用寬大、柔順的精神感化別人，對蠻橫無道之行也不予報復。這是南方的強。

④君子居之——

君子信守這種強。居：處，守。

⑤衽金革——

衽：臥席。此處為動詞。以兵器甲冑為臥席。金：兵器。革：皮製盾牌盔甲之屬。

⑥死而不厭——

雖死不悔。

⑦強者居之——

剛強之人信守這種強。之：指北方之強。代名詞。

⑧君子和而不流——

君子性格平和，不隨波逐流。

⑨強哉矯——

矯：堅強的樣子。多麼堅強的樣子！

⑩國有道，不變塞焉——

塞：充塞於內心的志氣。國家政治清明，不改變他的志氣。

⑪國無道，至死不變——

國家政治混亂，寧所也不改變所守（如中庸之道）。強哉矯！

第十一章

原文

子曰：「素隱行怪①，後世有述焉②，吾弗為之矣。君子遵道而行，半途而廢，吾弗能已矣。君子依乎中庸，遯世不見知而不悔③，唯聖者能之。」

譯文

孔夫子說：「索求隱僻的道理，行為荒誕怪異，後世可能會稱讚，陳述。我不會那樣做。君子依道而行，卻半途而止，我是不會停止的。君子依中庸之道行事，雖避世而不見知于世，也無怨無悔，只有聖人能做得到。」

註釋與分析

①素隱行怪——

素，據《漢書》所引，「素」應為「索」。索求隱僻的道理，行為荒誕怪異。

②後世有述焉——

述、傳述。稱讚。後世有述焉。後世可能會傳說稱讚。

③君子依乎中庸，遯世不見知而不悔，唯聖者能之——

遯世、遁世。君子依中庸行事，雖避世而不見知于世，也無怨無悔。這種情形，只有聖人能做得到。

第十二章

原文

君子之道，費而隱①；夫婦之愚，可以與知焉②；及其至也，雖聖人亦有所不知焉③。夫婦之不肖，可以能行焉；及其至也，雖聖人亦有所不能焉④。天下之大也，人猶所憾⑤。故君子語大，天下莫載焉；語小，天下莫能破焉⑥。詩云：『鳶飛戾天，魚躍于淵。』⑦言其上下察也⑧。君子之道，造端乎夫婦⑨，及其至也，察乎天地⑩。

譯文

君子之道廣大而細微。匹夫匹婦，雖不夠聰明，也能了解。道的極至之處，雖聖人也了解不到。匹夫匹婦，也可能實行君子之道。但到了道的極高處，雖聖人也有所不能。天地已經夠大了，而人們還有不滿足之處。是故君子說到「大」，天下都載不動。說到「小」，天下也無法予以分割。《詩經》上說：「鳶鳥高飛到天空中，魚兒在深水中跳躍。」是說君子能察上下。君子之道，從夫婦開始。發展到極至處，能洞察天地。

註釋與分析

①君子之道，費而隱——

鄭注：「費猶佹也。」佹為「危戾」之意。疏：「遭值亂世，道德違費，則隱而不仕。」朱注：「費、用之廣也。」隱：細微。君子之道，廣大而細微。

②夫婦之愚，可以與知焉——

匹夫匹婦，雖不夠聰明，也能了解。

③及其至也，雖聖人亦有所不能焉——

道的極至之處，雖聖人也了解不到。明代的焦竑所著《焦氏筆乘》中有一段話，可供讀者參考：

中庸其至以乎，可以知，知非至也。及其至也，雖聖人有所不知焉。可以能，能非至也，及其至也，雖聖人有所不能焉。非聖人不能知不能能也，中庸不可能，聖人亦不能之也。不可能則為至道，不能之則為至德。以至德凝至道，冥其情反乎中之謂也。曰：「道果如是至乎。」曰：「此非予言也，固子思之子言也。上天之載，無聲無臭，至矣。喜怒哀樂之未發謂之中者，當喜怒無喜怒，當哀樂無哀樂也。僧肇云：「知惱非惱，則惱亦淨。以淨為淨，則淨亦惱。知惱之非淨，即知發為未發。」可以觸類而通矣。

④夫婦之不肖，可以能行焉。及其至也，雖聖人亦有所不能也——

匹夫匹婦雖非賢明，也可能實行君子之道。到了道的極致之處，雖聖人也無能實施。

⑤天下之大也，人猶有所憾——

天下足夠大了，人們還有不滿足的遺憾。

⑥故君子語大，天下莫能載焉。語小，天下莫能破焉——

所以君子說到大，天下也載不起。說到小，天下無物能予以分割。

⑦《詩》云：「鳶飛戾天，魚躍于淵」——

見《詩經》（大雅、旱麓）篇。戾：至也。止也。「鳶鳥飛上天空，魚類跳躍水中。」意思是說：鳥類能一發沖天。魚類能潛游水中。君子能察視上下。

⑧言其上下察也——

鳥類的特長是飛翔、魚類的特長是潛游水中。君子的特長是能洞察上下。

⑨君子之道，造端乎夫婦。及其至也，察乎天地——

君子之道，由普通男女開始。及其發展到極至，便能洞察天地間的一切物事了。就可以達到中庸之道了。

第十三章

原文

子曰：「道不遠人，人之為道而遠人，不可以為道。①」

「《詩云》：『伐柯伐柯，其則不遠②。』執柯以伐柯，睨而視之，猶以為遠，③。故君子以人治人，改而止。④」

「忠恕違道不遠⑤，施諸己而不願，亦勿施于人。⑥」

「君子之道四，丘未能一焉：所求乎子，以事父，未能也；所求乎臣，以事君，未能也；所求乎弟，以事兄，未能也。所求乎朋友，先施之，未能也⑦。庸德之行，庸言之謹。有所不足，不敢不勉。有餘不敢盡⑧。言顧行，行顧言。君子胡不慥慥爾？⑨」

譯文

孔夫子說：「中庸之道並不排斥人的。修習中庸的人，若遠離他人，那就不是中庸之道了。

「《詩經》上說：「用手執著斧柄，砍伐適當的樹木來作斧柄，其模範（樣本）便在手上。」手持斧柄砍伐製斧柄的木材，瞇著眼打量，還是覺得很遠。君子以公正合理的方法治人，直到人們改過向善為止。

「忠、要求積極為人。恕、要求推己及人。能實行忠恕，離中庸之道就不遠了。不顧別人加之於我身上的事，我也不把這種事加到別人身上。

「君子之道有四項：我孔丘連其中的一項也做不到：我未能用要求兒子應作的事去侍奉父親；我未能要求臣下應作的事去侍奉君主；我未能要求兄弟應作的事去侍奉兄長；我未能用要求朋友應作的事去首先與朋友交往。平常的德行的事也要作，平常的言談也要謹慎。在這些方面，我都作得不夠好，所以不敢不努力去彌補。即使行有餘力，也不敢自滿。言行一致，君子怎麼會不是篤實的樣子呢？」

註釋與分析

①子曰：「道不遠人，人之為道而遠人，不可以為道──

孔子說：「中庸之道，並不排斥人的。修習中庸的人，若遠離他人，便不足修習中庸之道了。」

②《詩》云：「伐柯伐柯，其則不遠。」──

《詩經》〈豳風〉〈伐柯〉篇中說：「用手執著斧柄，伐柯以製斧柄，其規節就在手上。」

③執柯以伐柯，睨而視之，猶以為遠──

執著斧柄（柯）砍伐作斧柄的木材，斜著眼睛看看，還是覺得很遠。

睨：衺視。

④故君子以人治人，改而止──

君子用公正合理的治人方法治人，直到人們能改好為止。

⑤忠恕違道不遠──

忠、要求積極為人。恕、要求推己及人。曾子說：「夫子之道，忠、恕

而已矣。」（《論語》〈里仁〉）

⑥施諸己而不願，亦勿施于人——

不願別人加之於我身上的事，我也不把這種事加到別人身上。「己所勿欲，勿施于人。」

⑦君子之道四，至未能也十四句——

孔夫子說：君子的道理有四項，我孔丘一項也沒做到：我未能用要求兒子應作的事情去侍奉父親。我未能用要求臣子應作的事情去侍奉國君。我未能用要求兄弟應作的事情去服侍兄長。我未能用要求朋友應作的事情先去和朋友交往。

⑧庸德之行，庸德之謹，有所不足，不敢不勉。有餘不敢盡——

平常的德行的事也要作，平常的言語也要謹慎。在這些方面我都作得不夠，所以不敢不免力去彌補。就算行有餘力，也不敢自滿。

⑨言顧行，行顧言。君子胡不慥慥爾？——

慥慥：篤實貌。朱注：「守實言行相應之貌。言行一致，君子如何（胡）不是篤實的樣子呢？」

第十四章

原文

君子素其位而行，不願乎其外①。素富貴，行乎富貴；素貧賤，行乎貧賤；素夷狄，行乎夷狄；素患難，行乎患難②。君子無入而不自得焉③！

在上位不陵下；在下位不援上④。正己而不求於人，則無怨；上不怨天，下不尤人⑤。

故君子居易以俟命，小人行險以徼幸⑥。子曰：「射有似乎君子，失諸正鵠，反求諸其身。⑦」

譯文

君子安於現在的地位去作事，不求現在職位以外的事。現在是富貴人，便做富貴人應做的事。是貧賤人，便做貧賤人該做的事。處于夷狄區內，便做在夷狄區內應做的事。處於憂患災難的境遇中，便做在憂患災難境遇中應該做的事。君子隨遇而安，自得其樂。

處在上位，不欺凌處下位的人。處在下位，不高攀處在上位的人。端正自己的品行，不去責求別人，便不會結怨。君子上不怨天，下不怨人。

是以君子居處平安之地以待天命，小人則採取危險的行動以求徼幸。孔夫子說：「射箭類似君子行事，如果箭沒射中鵠的，射者即反身自我檢討（為何沒射中的理由）。」

註釋與分析

①君子素其位而行，不願乎其外。——

素：平素，現在。君子安于現在的地位去作事。不求現在職位以外的榮祿。

②素富貴以下八句——

現在是富貴人便做富貴人該做的事。是貧賤人便做貧賤人該做的事。處於夷狄區內，就作在夷狄區內可做的事。處於憂患災難的境遇中，便做在憂患災難中可以做的事。

③君子無入而不自得焉——

君子隨遇而安，自得其樂。

④在上位，不陵下。在下位，不援上。——

處在上位，不欺凌在下面的人。處在下位，不高攀在上位的人。援：攀援。

⑤正己而不求于人則無怨。上不怨天，下不尤人。——

端正自己的品行，不去責求別人，便不會結怨。君子上不怨天，下不怨（尤）人。尤：怨恨。

⑥故君子居易以俟命。小人形險以徼幸。——

是以君子居處平安之地以待天命。小人則採危險的行動以求徼幸。

⑦子曰三句——

孔夫子說：「射箭比賽好似君子行道。沒射中鵠的，便反躬檢討。」

第十五章

原文

君子之道，辟如行遠必自邇，辟如登高必自卑①。

詩曰：「妻子好合，如鼓瑟琴；兄弟既翕，和樂且耽；宜爾室家，樂爾妻孥。②」子曰：「父母其順乎！」

譯文

君子實行中庸之道，譬如遠行，必自近處起步，譬如登山，必從低處開始。

《詩經》上說：「夫妻感情和洽，好似鼓瑟奏琴合奏一樣和諧。兄弟們感情融洽，就可以久久的快快樂樂了。使你的家庭順順當當。使你的妻、子高高興興。」

孔子說：「這樣，父母就順心了。」

註釋與分析

①君子之道三句——

君子實行中庸之道，譬如遠行，必自近處開始。譬如爬山登高，必自卑（低）處開始。辟：即譬。兩字古相通。邇：近。卑：低處。

②《詩》曰：「妻子好合，如鼓瑟琴。兄弟既翕，和樂且耽。宜爾室家，樂爾妻孥。」——

《詩經》〈小雅。常棣〉：合、和睦。翕、音吸。和合。「耽」、《詩經》作「湛」。音耽。樂之久也。夫妻感情和洽，如同鼓琴奏瑟一樣和諧。兄弟們也感情融洽，就可以久久的和和樂樂了。使你的家庭順順當當，使你的妻、子快快樂樂。

第十六章

原文

子曰：「鬼神之為德，其盛矣乎！視之而弗見，聽之而弗聞，體物而不可遺，使天下之人，齊明盛服，以承祭祀，洋洋乎如在其上，如在其左右。①」詩云：「神之格思，不可度思，矧可射思」②。夫微之顯，誠之不可揜如此夫！

譯文

孔夫子說：「鬼神的德性可真盛大呀！要看他們，卻看不見形狀，要聽他們，又聽不到聲音。生養萬物，一無遺棄。使天下之人，齋戒淨身，穿上正規的服裝，舉行祭祀大典。洋洋乎，似乎在天上，又似乎在身體左右。」《詩經》上說：「神的降臨無可預測。豈敢厭倦而不謹慎自己的行為呢！」

從細微到明顯，真誠的德行是如此不可掩藏的！

註釋與分析

①子曰十句——

孔夫子說：「鬼神的德行可威大呀！要看他們，看不見形狀。要聽他們，聽不見聲音。生養萬物，一無遺棄。使天下人，齋戒明淨，穿上盛裝，以舉行祭祀大典。洋洋乎，似乎在天頂上方，又如在左右身旁。體物：生養萬物。遺：遺棄。遺漏。齊：齋。齋戒。明：淨。淨身（沐浴）淨心。承：擔當。洋洋：充滿。

②《詩》曰：「神之格思，不可度思！矧可射思？」——

《詩經》〈大雅．抑〉「神的來臨，不可預測。豈敢厭倦而不謹慎自己的行為呢？」格：來到。思：助詞，無意義。度：忖度，預測。矧可：豈可。射：音「亦」，厭倦、懈怠。

第十七章

原文

子曰：「舜其大孝也與！德為聖人，尊為天子，富有四海之內①；宗廟饗之，子孫保之。②」

故大德，必得其位，必得其祿，必得其名，必得其壽③。故天之生物，必因其材而篤焉，故栽者培之，傾者覆之④。

詩曰：「嘉樂君子，憲憲令德，宜民宜人，受祿于天；保佑命之，自天申之⑤」，故大德者必受命。⑥

譯文

孔夫子說：「帝舜可能是大孝之人吧！具有聖人的德行，身為天子的尊嚴，擁有天下的財富。享受宗廟的祭祀，子孫永遠保持（祭祀不斷）。是故有極高德行的人，必然得到應有的位子（帝位）。必然得到應有的爵祿。必然得到應有的名望，必然得到應享的高壽。是故天生萬物，必定因為他的本性而精心照料。所以，能夠栽培的便予以栽培。傾頹枯萎的便任它傾覆。」

《詩經》上說：「善良而快樂的君子，有極其光明的美德，有益于人民，所以能受上天的福祿。上天保佑你，命令你。這是從天上顯示出來的。」是故有大德之人，必然得受天命（作天子）。

註釋與分析

①子曰：「舜其大孝也與！德為聖人，尊為天子，富有四海之內。」——孔夫子說：「舜、他可是個大孝之人呀！具有聖人的德行。身為天子的尊貴，擁有天下（四海之內）的財富。」

②宗廟饗之，子孫保之。——饗：祫祭，一種祭祀的形式，宗廟：普通人祭祀祖先的建築物稱宗祠。皇室的宗祠稱「太廟」或「宗廟」。（舜）享受宗廟的祭祀，子孫永遠保持（這種祭祀）。

③故大德四句——是故有極高德性的人，必然得到應有的地位。必然得到應有的財祿，必然應得到應有的榮名聲望，必然得到健康、長壽。

④故天之生物四句——是故天生萬物，必定因為它的本性而精心照料。所以，能夠栽培的便予以栽培。傾頹枯萎的便讓它傾覆。物：萬物。材：本性。質料。篤：誠

懇。切切實實。培：培植。覆：覆敗，覆亡。

⑤詩曰六句——

《詩經》〈大雅。生民之什。假樂〉嘉樂：《詩經》作假樂。嘉、假相通。美也。憲憲：即顯顯：光明而又光明也。宜民宜人：有益于人民，與人民相處得宜。合宜。申：發佈。表示。君子：指國君。全詩的意思說：善良而快樂的君主，有極其光明的令德。有益于人民，所以能承受上天的福祿。上天保佑你，命令你。這是從天上頒示出來的。（按「憲憲」《詩經》作「顯顯」。）

⑥故大德者必受命——

是故有大德之人，必然受天之命（作天子）。

第十八章

原文

子曰：「無憂者其帷文王乎！以王季為父，以武王為子；父作之，子述之①。武王纘大王、王季、文王之緒，壹戎衣而有天下②。身不失天下之顯名；尊為天子，富有四海之內；宗廟饗之，子孫保之③。武王末受命，周公成文武之德，追王大王、王季，上祀先公以天子之禮。斯禮也，達乎諸侯、大夫及士、庶人④。父為大夫，子為士；葬以大夫，祭以士。父為士，子為大夫，葬以士，祭以大夫。期之喪，達乎大夫⑤；三年之喪，達乎天子；父母之喪，無貴賤一也。」

譯文

孔子說：「無憂無慮的人大概只有文王吧！父親是王季，兒子是武王。父親開創功業，垂範於前。兒子繼承大位，發揚於後。武王繼承大王、王季、文王的功業，一穿上戎服，便取得了天下。自己保有顯赫的美名，自身尊貴為天子，擁有天下的財富。享受宗廟的祭祀，子孫保持祭祀不絕。武王末年受命為天子，周公完成了文王和武王的德業。進尊太王、王季為王，祭以天子之禮，並溯及大王以前的祖先。這個，達于諸侯、大夫、及士、庶人。父為大夫，子為士，父死埋葬按大夫的禮儀，祭祀按士的禮儀。如果父是士，子是大夫，父死埋葬按士的禮儀，祭祀按大夫的禮儀。一週年的守喪期通行到大夫。三年的守喪期通行到天子。為父母守喪的日期，不分貴賤，都是一樣的。」

註釋與分析

①子曰五句——

孔夫子說：「無憂愁的人，大概只有文王吧！父親是王季，兒子是武王。父親開創功業，垂範於前。兒子繼承大位，發揚於後。」文王姬昌。他是古公亶父的孫子，王季的兒子。王季名季歷，號稱西伯。是殷紂王時的諸侯之一。父作之：創作。子述之：終人之事，纂人之言，皆曰述。

②武王纘大王、王季、文王之緒，壹戎衣而有天下。——

武王繼承大王、王季、文王的功業，一穿上戎服（軍服）便取得了天下。纘：音纂，繼也。緒：事業。

③身不失天下之顯名，尊為天子。富有四海之內，宗廟饗之，子孫保之——

（武王）自己保有顯赫的美名，自身尊貴為天子，擁有天下的財富，享受宗廟的祭祀，子孫保持祭祀不絕。

④武王末受命九句——

武王末年受天命為天子。周公完成了文王和武王的德業，追尊大王、王季為王，以祭天子的禮，往上祭祀大王以前的祖先。這個禮，下達到諸侯、大夫、士、及庶人。

⑤期之喪，達乎大夫。——

期：期服也。喪服名。即齊衰期年之服。周年的守喪期，通行到大夫。

⑥三年之喪，達乎天子。父母之喪，無貴賤，一也。——

三年的守喪期通行到天子。給父母守喪的日期，不分貴賤，都是一樣的。

第十九章

原文

子曰：「武王、周公其達孝矣乎！夫孝者善繼人之志，善述人之事者也①。春秋，脩其祖廟，陳其宗器，設其裳衣，薦其時食②。宗廟之禮，所以序昭穆也③；序爵，所以辨貴賤也；序事，所以辨賢也；旅酬下為上，所以逮賤也；燕毛，所以序齒也④。踐其位，行其禮，奏其樂；敬其所尊，愛其所親；事死如事生，事亡如事存，孝之至也⑤。郊社之禮，所以祀上帝也；宗廟之禮，所以祀乎其先也。明乎郊社之禮，禘嘗之義，治國其如示諸掌乎！⑥」

譯文

孔夫子說：「武王和周公可不都是大孝的人嗎？所謂孝，便是能繼承先人的遺志，完成先人的功業。當春露秋霜之時，修整宗廟，陳列祭祀祖宗的器皿，陳設祖宗遺留下來的衣物，呈獻當季的蔬果與食物。（以行祭祀祖先的典禮。）宗廟之禮，是要按照昭穆的次序陳列祖宗牌位的。

「（與祭之人，）按爵位排列次序，以區分貴賤。按職務排列次序，以區分賢與不肖。輩份低的，向輩份高的敬酒，是為了要恩、榮賜給年幼的人。燕席中，按毛髮的白、黑排列坐次。目的在以年紀大小為前後次序。

「各就其位，依照祭禮行禮，演奏祭祀的音樂，尊敬先王所尊敬的祖先，親愛先王所親愛的子孫和臣民。侍奉死者，如視奉生者。侍奉已亡者，如同侍奉現存活者。這是孝的極至了。

「舉行祭天的郊禮，祭后土的社禮，是祭上帝和后土。行宗廟之禮，是祭祀先人，明白了郊、社之禮和四時祭祖禮的意義，治理國家，便好像看手掌上的東西一樣容易了！」

（古來「國之大事，惟祀與戎」。把祭祀弄清楚了，治國便已完成了一半。是以孔子有這最後的一句話。）

註釋與分析

①武王、周公其達孝矣乎！夫孝者，善繼人之志，善述人之事者也。——

達：即「大」。「達」「大」相通用。志：志向。述：終人之事、纂人之業皆曰述。孔夫子說：武王和周公可不都是人孝的人嗎？所謂孝，便是能繼續先人的志向，完成先人的功業。（武王和周公都做到了。）

②春秋，修其祖廟，陳其宗器，設其裳衣，薦其時食。——

春、秋季節，（以時）修整宗廟，陳列祭祀祖宗的用器，擺設衣服，呈上當季的時鮮蔬果與食物。（以行祭祀祖先的典禮。）

③宗廟之禮，所以序昭穆也——

序昭穆：序：動詞。分別。次序。宗廟之祖宗牌位，始祖的牌位居中，二、四、六等偶數各世的祖先牌位排在左方。三、五、七、九等奇數各世祖先的牌位排在右方。位于左方的稱「昭」，位于右方的稱「穆」。

④序爵、所以辨貴賤也。序事，所以辨賢也。旅酬下為上，所以逮賤也。燕毛，所以序齒也。——

序爵：祭祀者按官爵大小，以公、卿、大夫、士分為四等排列先後次序。分出貴賤。序事：按職務高低排列次序，以區別賢與不肖。旅酬下為上：祭祀將終，旁系親屬兄弟（賓）與直系親屬兄弟（主）按次序敬酒。叫旅酬。旅、次序。酬、敬酒。弟弟先向哥哥敬酒，如同祭祀時，主人先向來賓敬酒。兄屬上，弟屬下。「下」以主人身份向「上」敬酒，故稱「下為上」。用意是祖宗的恩惠達到在下位者，所以說：「所以逮（到達）賤（在下位者）也。」燕毛：燕、宴。宴會。毛、毛髮。髮有黑白，代表年齡之老幼。按毛髮的黑白排列宴會的坐次。

⑤踐其位，行其禮，奏其樂，尊其所尊，愛其所親。事死如事生，事亡如事存，孝之至也。——

站到應站的位置上，依照祭禮行禮，演奏祭祀的音樂，尊敬先王所尊敬的祖先，親愛先王所親愛的子孫臣民，侍奉死者如侍奉生者，侍奉已亡者如同侍奉現存活者。這是孝的極至了。

⑥郊社之禮，所以祀上帝也；宗廟之禮，所以祀乎其先也。明乎郊社之禮、禘嘗之義，治國其如示諸掌乎？——

郊：祭天曰郊。社：祭后土也。禘：祭也。禘為四時祭之一，稱「時禘」。春祠、夏礿、秋嘗、冬蒸。明白了這些祭祀皇王后土的禮，春祠秋嘗之義，治理國家，就如看手掌上的東西一樣容易了。

（孔子為什麼要提起這些祭祀呢？古來治國，不如現今的多元複雜。是以古時常說：「國之大事，唯祀與戎。」祭祀和用兵能掌握，一個國家便容易治理了。）

第二十章

原文

哀公①問政。子曰：「文、武之政，布在方策②。其人存，則其政舉；其人亡，則其政息。人道敏政，地道敏樹③。夫政也者，蒲盧也④。」故為政在人；取人以身，修身以道，修道以仁。仁者，人也，親親為大；義者，宜也，尊賢為大。親親之殺，尊賢之等，禮所生也⑤。故君子不可以不修身；思修身，不可不事親；思事親，不可以不知人；思知人，不可以不知天。

「天下之達道五，所以行之者三。曰：君臣也，父子也，夫婦也，昆弟也，朋友之交也：五者，天下之達道也⑥；知、仁、勇：三者，天下之達德也⑦；所以行之者，一也。或生而知之，或學而知之，或困而知之：及其知之，一也。或安而行之，或利而行之，或勉強而行之，及其成功：一也」⑧。

子曰：「好學近乎知，力行近乎仁，知恥近乎勇⑨。知斯三者，則知所以修身；知所以修身，則知所以治人；知所以治人，則知所以治天下國家矣。

『凡為天下國家有九經，曰：修身也，尊賢也，親親也，敬大臣也，體羣臣也，子庶民也，來百工也，柔遠人也，懷諸侯也⑩。修身，則道立；尊賢，則不惑；親親，則諸父昆弟不怨；敬大臣，則不眩⑪；體羣臣，則士之報禮重⑫；子庶民，則百姓勸⑬；來百工，則財用足；柔遠人，則四方歸之；懷諸侯，則天下畏之⑭。齊明盛服⑮，非禮不動，所以修身也；去讒遠色，賤貨而貴德，所以勸賢也⑯；尊其位，重其祿，同其好惡，所以勸親親也⑰；官盛任使，所以勸大臣也⑱；忠信重祿，所以勸士也⑲；時使薄斂，所以勸百姓也⑳；日省月試，既稟稱事，所以勸百工也㉑；送往迎來，嘉善而矜不能，所以柔遠人也㉒；繼絕世，舉廢國，治亂持危，朝聘以時，厚往而薄來，所以懷諸侯也㉓。

『凡為天下國家有九經，所以行之者，一也。凡事豫則立，不豫則廢㉔；言前定則不跲，事前定，則不困；行前定，則不疚；道前定，則不窮㉕。在下位，不獲乎上，民不可得而治矣；獲乎上有道：不信乎朋友，不獲乎上矣；信乎朋友有道：不順乎親，不信乎朋友矣；順乎親有道：反諸身不誠，不順乎親矣；誠身有道：不明乎善，不誠乎身矣㉖。

『誠者，天之道也；誠之者，人之道也㉗。誠者，不勉而中，不思而得，從容中道，聖人也㉘；誠之者，擇善而固執之者也㉙。博學之，審問之，慎思之，明辨之，篤行之㉚。有弗學，學之弗能弗措也；有弗問，問之弗知弗措也；有弗思，思之弗得弗措也；有弗辨，辨之弗明弗措也；有弗行，行之弗篤弗措也㉛。人一能之，己百之；人十能之，己千之。果然此道矣，雖愚必明，雖柔必強。㉜」

譯文

魯哀公問為政之道。孔子說：「文王、武王治理天下的策略，展示在木板和竹簡之上。但必須有那樣的聖人在位，這些法則便能施行。若聖人不在了，仁政也就止息了。人道的法則，在于努力推行仁政。好譬地道在于勉力培植樹木。政事好譬蘆葦，從政得人，成功便會像蘆葦一般繁茂，所以為政在于得人。——得到賢臣。要得到賢臣，先修養自己。修養自己，要遵循大道。遵循大道，要從仁愛著手。

「『仁』的意思是『人』。仁以親愛親族為大。『義』的意思是『合宜』。義以尊重賢人為首要、親親要看關係的遠近。尊重賢人也要分等級。這便是禮所根據而產生的。是以君子不能不先修好自己的品德。要修品德，就不可以不孝順父母。要孝順父母，就不能不知道人道的法則。要知道人道的法則，就不可以不知道天道的法則。

「天下的大道有五：君臣、父子、夫婦、兄弟、朋友。（也就是世所謂『五倫』。）實行這五種大道的動力有三個：知、仁、勇，也就天下的大德。實行這三種大德的道理都是一樣的。有的人天生就知道這些道理。有人經過學習才知道。有人須經過困難探求才知道的。等到知道了，結果都是一樣。但有人能安然實行大道，有人認為有利于自己才去實行。還有人是出于勉強。一旦成功了，結果都是一樣。」

孔夫子說：「好學近乎智。努力實行就近乎仁。知道羞恥便接近勇了。

懂得這三件事，就知道如何去修養自己。知道修養自己，便知道如何治理人民。知道如何治理人民，就知道如何治理天下國家。

「治理天下國家有九項準則：修身、尊賢、親親、敬大臣、體恤群臣、視民如子、招來百工、安撫邊遠來民、安撫諸侯。修身則能掌握達道。尊重賢人，遇事能無困惑。親愛親族，父母兄弟們就不會抱怨。（無後顧之憂。）尊敬大臣，則處事能明快（不眩）。體恤小臣，士的回報必定隆重。愛民如子，百姓便會努力向善。招來各種工匠，國家的財用便很充裕。安撫遠來的人民，境外各方面的百姓便會來歸順。安撫諸侯，全天下都會敬畏。齋戒淨明，無欲無垢，端正服飾，非禮勿動。這是修身之道。摒去讒人，遠離女色，輕視財貨，以德為尊。這是勸進賢人之道。尊重親族的官位，增加他們的俸祿，和他們同好惡，這是親愛親族的方法。盛設官吏以供役使，乃是敬大臣之道。以忠、信相待，厚于俸祿，這是鼓勵士人之道。不違民時，輕稅薄斂，這是鼓勵百姓向善之道。以日省視，按月察試，給予與工作相當的月俸。這是鼓勵百工的辦法。去時護送，來時相迎，嘉獎有才能者，同情才能不足者。這是柔遠人的辦法。使卿大夫的子孫恢復食祿，延續世系，興復已沒落的邦國，治理紛亂，解救危機。朝見聘問各有定時。賜與從厚。納貢從薄。這是使諸侯信服的辦法。

「太凡治理天下有九條準則，實行這些準則的道理都是一樣的。

「凡事必須先準備便能成功。不事先準備便會失敗。講演事前想定便不會中斷。辦事預先想定便不會受困。施政前預先想定就不會內心不安。行道前事先想定便不會陷入絕境。

「在下位者，如得不到上級的信任，就無法治理好人民。要得到在上位者的信任，有辦法：得不到朋友的信任，就得不到上級的信任。得到朋友的信任，有辦法，就是要先孝順父母。孝順父母也是有方法的，自己心中不真誠，就不能孝順父母，要使中心真誠，也有方法，不能明白什麼是善，就無法使自己真誠。

「誠是天道的原則，努力達到誠，是人道的原則。得到誠的人，不用勉強便能達成（「中」）。不用思考也能達成（中）。從容實行中道。這是聖人。努力達成誠的人，是選擇了美好的目的，堅決守住的人。

「廣博地學習，詳細地發問，謹慎思考。清晰辨別。誠篤實行。

「不學則已，沒學通絕不中止。不問則已，不問到明明白白絕不中止。不思考則已，不思考到有心得絕不中止。不辨則已，辨得不清楚明白絕不停止。不實行則已，實行不到勤篤的程度絕不中止。別人一次能作到的，我用一百倍的功夫去做。別人十次能作到的，我用一千倍的功夫去做。果然能照這個辦法進行，愚昧的人都可能變得精明，柔弱的人也會變得堅強。」

註釋與分析

①哀公——

魯哀公，姓姬、名蔣。「哀」是他的謚號。

②布在方策——

布：記載。陳述。方策：書寫用的木板（方）和竹簡（策）。

③人道敏政，地道敏樹——

敏：朱注：「猶勉也。」勉力。人道在於勉力施行仁政。地道在于勉力培植樹木。

④蒲盧——

蘆葦。最易生長之草，譬喻從政得賢人，成功便會像蘆葦一樣茂盛。

⑤親親之殺，尊賢之等，禮所生也。——

殺在此有遞減的意思。親親要按關係之遠近而分等，尊重賢仁也要分等級。這是禮所產生的根本。

⑥五者，天下之達道也。——

君臣、父子、夫婦、兄弟、朋友、世稱五倫，這五倫乃是天下奉行的大道。

⑦知、仁、勇三者，天下之達德也。——

智（知）、仁、勇，是天下通行的大德。

⑧或安而行之，或利而行之，或勉強而行之。及其成功，一也。——

之：代表大道。代名詞。有人安然實行大道，有人因利實行大道，有人勉強實行大道。一旦成功了，結果都是一樣。

⑨子曰：「好學近乎知，力行近乎仁，知恥近乎勇。——

孔子說：「努力學習，便接近智。努力實行，就近乎仁。知道羞恥，便接近勇。」

⑩九經——

經：規範。準則。孔子說的九條法則：修身、尊賢、親親、敬大臣、體群臣、子庶民（把庶民看成子女），來百工（招徠百行百工），柔遠人（揉懷柔政策以招來遠人。）、懷（安撫）諸侯。

⑪敬大臣，則不眩——

禮敬大臣，則不致迷亂。

⑫體群臣則士之報禮重。——

體諒小臣，士人回報之禮便隆重。

⑬子庶民，則百姓勸。——

視民如子，百姓便會向善。（勸）

⑭來百工，則財用足。柔遠人，則四方歸之；懷諸侯，則天下畏之。——

招來各種工匠，國家的財用會很充裕。安撫邊遠的來客，境外四方的人都會歸順。安撫諸侯，全天下都會敬畏。

⑮齊明盛服。——

齊：齋。齋戒淨明，無欲無垢，端正服飾。（依禮而行，便是修身之道。）

⑯去讒遠色，賤貨而貴德，所以勸賢也。——

摒去說讒言的人，遠離女色，輕賤財貨，以德為貴，這便是勸進賢人之道。

⑰尊其位，重其祿，同其好惡，所以勸親親也。——

尊重親族的官位，厚給親族的俸祿，和他們同好惡，這是努力親愛親族的方法。

⑱官盛任使，所以勸大臣也。——

（在大臣下）盛設官吏，足供役使，乃是鼓勵大臣的方法。

⑲忠信重祿，所以勸士也。——

以忠信相待，予以重俸祿，這是鼓勵士人的方法。

⑳時使薄斂，所以勸百姓也。——

使民以時，即是不奪民時，輕稅薄斂，這是鼓勵百姓的方法。

㉑日省月試，既稟稱事，所以勸百工也。——

以日省視，每月察試，付給月俸與他的工作相稱。既稟：既通餼。稟通廩。朱注：「既讀為餼，餼廩、稍食也。」稍食即月俸。月給之官俸。

㉒送往迎來，嘉善而矜不能，所以柔遠人也。——

去時護送，來時相迎。嘉獎有才能的人，同情才能不足者，這是安撫邊遠來客的方法。

㉓繼絕世，舉廢國，治亂持危，朝聘以時，厚往而薄來，所以懷諸侯也。——

繼絕世，使卿大夫的後代恢復食祿，延續世系。舉廢國：復興已沒落的邦國。治理紛亂，解救（持）危機。朝見聘問各有定時。賜與從厚，納貢從薄，這是使諸侯信服的方法。

㉔凡事豫則立，不豫則廢。——

凡事必預先準備便能成功。不預為籌謀便會失敗。豫：預相通用。

㉕言前定則不跲，事前定則不困。行前定則不疚。道前定則不窮。——

講話事前想定便不會中斷。辦事預先想定就不會受困。施政前預先想定就不會內心不安。行道前預先想定就不會陷入絕境。跲：音急，躓也。障礙。頓。疚：內疚，內心不安，慚愧。

㉖在下位十六句——

處於下位者，如果不能得到上級的信任，就無法治理好人民。要得到上位者的信任，有辦法：得不到朋友的信任，就不能得到上級的信任。得到朋友的互信也是有辦法的，就是要先孝順父母。孝順父母也是有方法的，自己心中不真誠，就不能孝順父母。要使中心真誠，也是有方法的，不能明白什麼是善，就無法使自己真誠了。

㉗誠者天之道也。誠之者，人之道也。——

誠、是天道的原則。努力達到誠，這是人道的原則。

㉘誠者，不勉而中，不思而得，從容中道，聖人也。——

達到誠的人，不用勉強便能達成（中），不用思考就能達成（中）。從容實行中道，這是聖人。

㉙誠之者，擇善而固執者也。——

努力達成誠的人，是選擇美好的目的，而堅決守信的人。（里仁為美。）

㉚博學之、審問之、慎思之、明辨之、篤行之。——

廣博地學習。詳細地發問，謹慎地思考。清晰地辨別。誠篤地實行。

㉛措——

廢置。學之弗能，弗措也。問之弗知，弗措也。思之弗得，弗措也。辨之弗明，弗措也。行之弗篤，弗措也。

㉜人一能之，己百之。果然此道矣，雖愚必明，雖柔必強。——

別人一次能學會的，我花百倍功夫。果然能行此道，雖愚人也會聰明。雖柔弱的人也會變得堅強。

第二十一章

原文

自誠明，謂之性；自明誠，謂之教。誠則明矣，明則誠矣。

譯文

自真誠顯現出中庸之道，這是本性。自修得中庸之道而反歸真誠，這是教。能真誠，便自然明白中庸的道理。能明白中庸的道理，一個人便自然能反歸真誠。所以說：「誠則明矣，明則誠矣。」

註釋與分析

明焦竑著《焦氏筆乘》，正續集。正集六卷。續集七卷。他博覽群書，萬曆中殿試第一，著作甚多。在《焦氏筆乘》中，他對四書有很多心得。對于《中庸》，他主張以《中庸》釋《中庸》，和筆者以《論語》解釋《論語》的作法不謀而合。

他說：

自誠明，謂之性。釋率性也。自明誠，謂之教。釋修道也。

聖人「生而知之」，故能自誠而明。凡人「學而知之」，乃是自明而誠。

孔子說：「……或生而知之，或學而知之。或困而知之。及其知之，一也。」（《禮記註疏》卷五十二〈中庸〉）

本章書說：（聖人生而真誠。）自真誠表現出中庸之道，這是本性。自修得中庸之道而反乎真誠，這是教。能真誠，自然明白中庸的道理。明白中庸的道理，便能歸諸真誠。所以說：「誠則明矣，明則誠矣。」

我們讀《宋史》，宋朝大將狄青，行伍出身，並不識字，當然也沒讀過《孫子兵法》。但他每次行軍打仗，所作部署，都能暗合兵法。對於兵法，他不是學來的，而是天生的。所謂「性之」。他用暗合兵法的部署打勝仗，便是「自誠明」。

宋代大忠臣文天祥作（正氣歌）。其結尾云：「孔曰成仁，孟曰取義。而今而後，庶幾無愧。」由他的說法，我們肯定他是「由誠明」的。

第二十二章

原文

惟天下至誠，為能盡其性①；能盡其性，則能盡人之性；能盡人之性，則能盡物之性；能盡物之性，則可以贊天地之化育②可以贊天地之化育，則可以與天地參矣③。

譯文

唯獨天下至誠的人——聖人，才能充分發揮他的誠的本性。能充分發揮自己的誠的本性，也就能讓其他人也充分發揮他們的本性。能充分發揮其他人的本性，也就能充分發揮萬物的本性。能充分發揮萬物的本性，就可以幫助天地培育萬物。就可以和天地並駕齊列了。

註釋與分析

①惟天下之至誠，為能盡其性——
唯獨天下至誠的人，即聖人，能夠充分發揮他的誠的本性。

②贊天地之化育——
能夠贊助天地、培育萬物。

③與天地同參——
參、並列。和天地處在並行的地位。

第二十三章

原文

其次致曲①，曲能有誠②；誠則形，形則著，著則明③，明則動，動則變，變則化④；唯天下至誠為能化⑤。

譯文

次於聖人者，也就是賢人。從平日一言一行著手，也能達到誠的境界。達到真誠，便能形于外。形于外，便能明光，能明光，便能感動人心，能感動人心，便能使人心向善。能使人心向善，便能教化人群了。只有天下至誠的人才能感化人民。

註釋與分析

①其次致曲——

這章接上章而來，其次，即是說：「次于至誠的人。」次于聖人的人，也就是賢人。致曲，從平日一言一行著手。致、至，行。曲、局部，細微的事。

②曲能有誠——

致曲也能達到誠的境界。

③誠則形，形則著，著則明。——

達到真誠，便能表現出來。表現出來，便能昭著。顯然昭著，就會達到光輝明亮。

④明則動，動則變，變則化。——

光明正大，便能感動人心。能感動人心，便能使人向善。能使人向善，便能教化人群了。

⑤唯天下至誠為能化——

只有聖人（天下至誠的人）才能感化人民。

第二十四章

原文

至誠之道，可以前知①：國家將興，必有禎祥②；國家將亡，必有妖孽③；見乎蓍龜，動乎四體④；禍福將至，善必先知之，不善必先知之：故至誠如神⑤。

譯文

極端真誠的人，可以預知未來的事。國家將興盛，必定有禎、祥的先兆。國家將滅亡，必定先有妖、孽出現。從蓍、龜的卜筮中可看出端倪。從四肢的動作上也會表現出來。禍福將要降臨時，善事定必先知道。不善的事也可以先知道。所以說，極端真誠（的人），有同神靈。

註釋與分析

①至誠之道，可以前知——

極端真誠，可以預知（前知）未來的事。

②國家將興，必有禎祥——

疏：「禎祥者，吉之萌兆。」國本有而今異曰禎。本無而今有曰祥。何胤曰：「國本有雀，今有赤雀來，是禎也。國本無鳳，今有鳳來，是祥也。」國家將要興隆，必然有吉祥的前兆。

③國家將亡，必有妖孽——

妖孽，物類反常的現象。異於常物而害人者曰妖。妖孽，謂兇惡的萌兆也。或謂、衣服歌謠草木之怪謂之妖。禽獸蟲蝗之怪謂之孽。

④見乎蓍龜，動乎四體——

古人用蓍草和龜甲來占卜。蓍所以筮。龜所以卜，皆神物也。《論衡》〈卜蓍〉：「夫蓍之為言蓍也。龜之為言舊也。明狐疑之事，當問蓍舊也。」動乎四體：表現於手腳動作上。

⑤末四句——

好事一定可以先知道，不好的事也可以先知道。所以說：極端真誠，如同神靈。

第二十五章

原文

誠者，自成也①；而道，自道也②。誠者，物之終始；不誠無物③。是故，君子誠之為貴④。誠者，非自成己而已也，所以成物也⑤。成己，仁也；成物 知也⑥性之德也，合外內之道也，故時措之宜也。

譯文

誠是個人根本上的功夫，由自己修成。道是自己遵行的法則。天下萬物的起因和結果，都有誠貫穿其間。沒有是誠，也就沒有萬物了。是以君子以誠為貴。誠、並不是成全自己為已足，還要成全他人。成全自己，是仁的行為。成全他人，是智的行為。成人成物，是內成自身、外成萬物合在一起的功夫。是以任何時候實行都合適。

註釋與分析

①誠者、自成也。——

誠是個人根本上的功夫，由自己修成。

②道、自道也——

道也者，自己遵行的法則。

③誠者，物之始終。不誠無物。——

誠是萬物的法則。自終自始。沒有誠，便沒有萬物。

④是故，君子誠之為貴。——

是以，君子以誠為貴。

⑤誠者，非自成己而已也。所以成物也。——

真誠，並非成全自己而已足，還要成全萬物。

⑥成己，仁也。成物，知也。——

成就自己，是仁。成全萬物、智。

⑦性之德也，合內外之道也，故時措之宜也。——

措、用。實施。成人成物，這是來自性的德行。是內成自身、外成一切萬物合成一起的功夫。是故隨時實行都很合適。

第二十六章

原文

故至誠無息；不息則久。久則徵，徵則悠遠，悠遠則博厚，博厚則高明①。

博厚所以載物也，高明所以覆物也，悠久所以成物也②。博厚配地，高明配天，悠久無疆。如此者，不見而章，不動而變，無為而成③。

天地之道，可一言而盡也；其為物不貳，則其生物不測④。

天地之道：博也，厚也，高也，明也，悠也，久也⑤。今夫天，斯昭昭之多，及其無窮也，日月星辰繫焉，萬物覆焉⑥。今夫地，一撮土之多；及其廣厚，載華嶽而不重，振河海而不洩，萬物載焉⑦。今夫山，一卷石之多；及其廣大，草木生之，禽獸居之，寶藏興焉⑧。今夫水，一勺之多；及其不測，黿鼉蛟龍魚鱉生焉，貨財殖焉⑨。

詩云：「維天之命，於穆不已」。蓋曰天之所以為天也⑩。「於乎不顯，文王之德之純」。蓋曰文王之所以為文也⑪。「純」亦「不已」⑫。

譯文

所以說：極端真誠是無止無休的。無止無息乃能耐久。長久了便有效驗。有效驗就能悠遠無窮。悠遠無窮就廣大厚實起來。廣大厚實就會高大光明。

博大深厚便能載物。高大光明便能覆蓋萬物。悠遠無窮便能生育萬物。廣大厚實的作用好比地，高大光明的作用好比天。長遠的作用無止無休，如此一來，不表現而自然彰明。不活動而自起變化。無所作為而自然成功。

天地之道，可用一個字來說盡。（指「誠」字）真誠專一，沒有二心。化生萬物，不可測度。

天地之道，和誠的功用一樣：博大、厚實、高潔、光明、悠長、久遠。說到天，如此光亮的一片，說到他無窮無盡的一面，太陽、月亮、星星，都繫吊在上面。地上萬物都被它覆蓋著。說到地，不過一撮撮黃土，及其積成廣厚一片，華山擺在上面也不顯得重。河海在它上面振盪也不會漏洩。萬物也都載在它上面。說到山，小山不過一大塊石頭。但廣大的山，草木生得滿滿的，飛禽走獸都住在裡面。其中還有許多寶藏有待開發。說到水，只一勺之多。若展延至廣不可測之大，浩瀚無涯，各種魚龍都生長其中，而且是財貨的來源。

《詩經》上說：「唉，上天之道，行健不息。深遠無盡。」這大概就是天之所以成為天的道理。「唉呀，多麼光明呀，文王之德的純潔美好！」這就是為什麼文王之所以被尊稱「文」王的原故。他純潔美好，行健不息。

註釋與分析

①故至誠無息。不息則久。久則徵。徵則悠遠。悠遠則博厚，博厚則高明。——

息：休息。止息。久：長久。持久。徵：效驗。悠遠：長遠。博厚：廣大厚實。高明：高大文明。所以說：極端真誠是無止無休的。無止無休乃能耐久。長久了便有效驗，有了效驗就能悠遠無窮。悠遠無窮就廣大厚實起來。廣博深厚就會高大光明。

②博厚所以載物也，高明所以覆物也，悠久所以成物也。——

廣大深厚，便能載負萬物。高大高明便能覆蓋萬物。悠遠無窮便能生成萬物。

③博厚配地，高明配天，悠遠無疆。如此者，不見而章，不動而變，無為而成。——

廣大厚實的作用好比地。高大光明的作用好比天。長遠的作用無止無休，這樣一來，不表現而自然彰明，不活動而自起變化，無所作為而自然成功。配地：有如地的作用。配天：有如天的作用。無疆：無窮無盡。不見而彰：見、現。章、彰明。現出。

④天地之道，可一言而盡也。其為物不貳，則其生物不測。——

一言：一個字。指「誠」字。不貳：忠誠如一，故云為物不貳。天地之道，可以用一個字來說盡，真誠專一，沒有二心。化生萬物，不可測度了。

⑤天地之道，博也、厚也，高也，明也，悠也，久也。——

天地之道，和誠的功用一樣：博大、厚實、高潔、光明、悠長、久遠。

⑥今夫天，斯昭昭之多，及其無窮也，日月星辰繫焉，萬物覆焉。——

斯：這個。此。昭昭：光明。現在說天，如此光亮的一片，說到他無窮無盡的一面，那個太陽、月亮、星辰，都吊在上面。地上萬物都被它覆蓋著。

⑦今夫地，一撮土之多。及其廣厚，載華嶽而不重，振河海而不洩，萬物載焉。——

說到地，如此一撮撮土。及其積成廣厚一大片，華山放在上面也不見得重。河海在其上振盪也不會漏洩。萬物都端載在它上面。

⑧今夫山，一卷石之多。及其廣大，草木生之，禽獸居之，寶藏興焉。——

現在說山。小山不過一小拳頭的石頭。但廣大的山，草木生得滿滿的，飛禽走獸住在裡面，還有許多寶物藏在其中待開發。興：起。開發。

⑨今夫水，一勺之多。及其不測，黿、鼉、蛟、龍、魚、鱉生焉。貨財殖焉。——不測：不可測度。指水面浩瀚無際，大到無法測度。黿：綠團魚。背甲近圓形。鼉、鱷魚。蛟、龍，都是傳說中的水中動物。鱉、俗稱甲魚。貨財殖焉：殖，生殖。說到水，不過一勺之多。但若積水成不可測的大，各種魚龍都生長其中，而且是財貨的繁殖之所。

⑩《詩》云：「維天之命，於穆不已。」蓋曰天之所以為天也。——《詩經》〈周頌。維天之命〉：維天之命，即維天之道。於穆不已，於為發語詞，穆是深遠。不已，不窮。「唉！上天之道，是行健不息的。」這是說天之所以成為天的道理。焦竑說：「『維天之命，於穆不已。』釋天命也。」他主張以《中庸》釋《中庸》。

⑪「於乎不顯，文王之德純」。——唉呀！多麼光明呀！文王之德之美純，（也是行健不已，是與天道相配合的。）不顯：「不」通「丕」，大的意思。顯是光明。純：美也。明也。

第二十七章

原文

大哉！聖人之道！洋洋乎，發育萬物，峻極於天①。優優大哉！禮儀三百，威儀三千；待其人而後行②。故曰：「苟不至德，至道不凝焉」③。故君子尊德性而道問學，致廣大而盡精微，極高明而道中庸。④溫故而知新，敦厚以崇禮⑤。是故，居上不驕，為下不倍。國有道，其言足以興；國無道，其默足以容⑥。詩曰：「既明且哲，以保其身」，其此之謂與？⑦

譯文

聖人之道真偉大呀！浩浩蕩蕩，生育萬物。和天一樣崇高。偉大呀、寬廣仁和。禮儀有三百條，威儀有三千條。必須待到聖人出而後可行。所以說：「如果沒有極高的德性，極高的道是不會成功的。」是以君子尊崇德性，又注重學問與發問。達到廣大的境界又盡事物之精微。達到極高明的境界而主張中庸。不忘已學習過、已了解了的道理，且時加溫習，吸收新知識，樸實忠厚，崇尚禮節。

是故在上位時不可驕傲，處下位時不可背叛。國家政治上軌道時，說的話足以使國家更為興盛。國家政治混亂時，則沈默不語以使自己可以容身。（明哲保身。）

《詩經》上說：「既聰明，又有智謀，以保全其身。」這不就是這個意思嗎？

註釋與分析

①大哉！聖人之道。洋洋乎，發育萬物，峻極於天。——聖人之道真偉大呀！浩浩蕩蕩，生育萬物，和天一樣崇高。洋洋乎：洋洋，美善的意思。充滿。衆多。峻極：高大至極。

②優優大哉！禮儀三百，威儀三千。待其人而後行。——偉大呀，寬廣仁和。禮儀有三百條。威儀有三千條，必須等到聖人出而後能實行。禮儀：古時禮節。又稱經禮。威儀：古時典禮中的行動規範。又稱曲禮。

③故曰：「苟不至德，至道不凝焉。」——所以說：「如果沒有極高的德，極高的道是不成功的。」凝：凝聚、集

中。引伸為成功的意思。

④故君子尊德性而道問學，致廣大而盡精微，極高明而道中庸。——

是以君子尊崇德性，又注重學習與發問。（孔子入太廟，每事問。）達到廣大的境地又盡事物之精微。達到極高明的境界卻主張中庸。

⑤溫故而知新，敦厚以崇禮。——

不忘已學習、已了解的道理，且時加溫習，吸收新知。樸實忠厚，崇尚禮節。

⑥是故居上不驕，為下不倍。國有道，其言足以興。國無道，其默足以容。——

是以，處上位時不可驕傲，處下位時不可背叛。國家實行正道時，所說的話足以使國家更為興盛。國家不在正道時，沉默不語以使自己可以容身。

⑦《詩》曰：「既明且哲，以保其身」，其此之謂與？——

《詩經》〈大雅。烝民〉中說：「既聰明又有智謀，以保全其身。」這不就是這個意思嗎？

第二十八章

原文

子曰：「愚而好自用，賤而好自專；生乎今之世，反古之道；如此者，烖及其身者也①。」

非天子不議禮，不制度，不考文②。今天下：車同軌，書同文，行同倫。雖有其位，苟無其德，不敢作禮樂焉。③雖有其德，苟無其位，亦不敢作禮樂焉。④

子曰：「吾說夏禮，杞不足徵也；吾學殷禮，有宋存焉；吾學周禮，今用之，吾從周。」

譯文

孔子說：「愚昧之人，卻喜歡自以為是。在下位的人，卻喜歡獨斷獨行。生活在當今之世，卻要恢復古時的制度。如此一來，禍災必降臨到他身上。」

不是天子，不可以議訂禮儀，不可以制定法規，不可以考核文字。現在天下的車轍統一了，字的筆劃也一致了，行為的軌範也一樣了。雖有天子之位，若無天子的高尚德性，就不敢作禮制樂。有天子的高尚德性，卻無天子的地位，也不敢作禮樂。

孔子說：「我能講說夏朝的禮儀。杞國的文獻不足證（按：杞國是周武王封夏禹的後代而建立的）。我學習殷朝的禮儀。宋國還保存了好些文獻（按：宋：商湯的後代所建之國）。我學習周代的禮制，現在還通用。我遵從周禮。」

註釋與分析

①子曰：「愚而好自用，賤而好自專，生乎今之世，反古之道。如此者，災及其身者也。」——

孔夫子說：「愚昧之人卻好憑自己的主觀行事，處于低下位之人好自作主張。生于今世，卻要反古。像這樣的人，災禍一定會落到他身上。」自用：自以為是，不虛心向旁人求教，而憑主觀的意思行事。賤：居下位。自專：獨斷專行。反：返。烖：有的版本作災。

②非天子，不議禮，不制度，不考文。——

不是天子，不可以議禮儀。不可以制定法度。不可以考核文字。

③今天下，車同軌，書同文，行同倫。雖有其位，苟無其德，不敢作禮樂焉。——

當今之時，車輪之間距離相同，文字筆劃形狀也統一了。行為受同樣的倫理約束。若不是有德之人，雖在其位（天子之位），也不可以制定禮樂制度。

④雖有其德，苟無其位，亦不敢作禮樂焉。——

雖有高尚的德性，若沒有天子的地位，也不可制定禮樂制度。

⑤子曰：「吾說夏禮，杞不足徵也。吾學殷禮，有宋存焉。吾學周禮，今用之。吾從周。」——

孔夫子說：「我能解說夏朝的禮制。杞國的文獻不可考了。我學習殷朝的禮制，宋國還保存了許多資料。我學習周的禮制，現在正通用著。我遵從周禮。」

第二十九章

原文

王天下有三重焉，其寡過矣乎①！上焉者：雖善無徵，無徵不信，不信民弗從②。下焉者：雖善不尊，不尊不信，不信民弗從③。

故君子之道，本諸身，徵諸庶民，考諸三王而不繆，建諸天地而不悖，質諸鬼神而無疑，百世以俟聖人而不惑④。

質諸鬼神而無疑，知天也；百世以俟聖人而不惑，知人也⑤。是故，君子動而世為天下道，行而世為天下法，言而世為天下則⑥；遠之則有望，近之則不厭⑦。詩曰：「在彼無惡，在此無射；庶幾夙夜，以永終譽」⑧。君子未有不如此，而蚤有譽於天下者也⑨。

譯文

君臨天下要作到三件重要的事，然後就可能很少出錯了。在上位的，雖然行為很好，但沒有明顯的表現。沒有明顯的表現就難使人民信服。難使人信服，人民就不服從。在下位者，雖然行為很好，但地位不夠尊貴。不尊貴就難以使人相信。人民不相信也就不服從了。

是故君子之道，以自身為本位。觀察人民的反應，比對夏、商、周三代聖王的作為而不顯荒謬，立諸天地間也沒有不當，卜問諸鬼神也沒有疑惑，百世之後，待得聖人出現，也不會懷疑，是了解天意。百世後聖人出也不懷疑，是了解民意。是故君子的舉動，世世代代為天下人所稱道。行為世世代代為天下人所效法。言詞世世代代為天下人所遵從、使遠方的人仰望尊敬，使近處的人愛戴不厭。

《詩經》上說：「在彼處無人厭惡，在這裡也無人厭煩，差不多是日夜不懈，以永遠保持你們好的聲譽。」一個君子如果不如此做法而能早獲美名于天下的，那是從來沒有的事！

註釋與分析

①王天下有三重焉，其寡過矣乎。——

統治天下為王的要做到三件重要的事，大概就很少有過錯了。王：動詞。王天下，以王的身份君臨天下。

②上焉者，雖善無徵，無徵不信。不信民弗從。——

在上位的，雖然行為很好，但沒有明證。沒有明證就難以置信，難以置信，人民就不服從。上焉者，指在位的君主。徵：證。（或謂「上焉者」指夏、商、二代。）

③下焉者，雖善不尊，不尊不信。不信民弗從。——

在下位的人，雖然行為很好，但地位不尊貴。不尊貴就難得使人民相信。人民不相信就不服從。

④故君子之道，本諸身，徵諸庶民，考諸三王而不謬，建諸天地而不悖，質諸鬼神而無疑，百世以俟聖人而不惑。——

是故君子之道，以自身為本位，徵驗人民的反應，比對夏、商、周三代聖王的作為而不顯荒謬，立諸天地之間也沒不當，問諸鬼神也沒疑惑，百世之後，待得聖人出，也不會懷疑。徵：徵驗。繆：音謬，錯誤。悖：違背。俟：等待。

⑤質諸鬼神而無疑，知天也；百世以俟聖人而不惑，知人也——

求鬼問神而不疑，這是了解天意。百世以後待得聖人出也不會懷疑，這是了解民意。

⑥是故君子動而世為天下道。行而世為天下法，言而世為天下則。——

是故君子的舉動世世代代成為天下人所稱道。行為世世代代為天下人所效法。所說的話世世代代為天下人的準則。

⑦遠之則有望，近之則不厭。——

（君子）在遠處甚有名望為人所景仰。在近處則讓人覺得和愛可親，永不厭煩。

⑧《詩》曰：「在彼無惡，在此無射；庶幾夙夜，以永終譽。」——

《詩經》〈周頌、振鷺〉振：群飛的樣子。無射：射音亦，《詩經》作無斁。斁、厭惡。夙：早。夙夜：朝夕。「在彼處無人厭惡，在這裡也無人厭煩。差不多是日夜不懈，以永遠保持你們好的聲譽。」

⑨君子未有不如此而蚤有譽于天下者也。——

一個君子如果不如此做法而能早獲美名於天下，那是從來不會有的。

蚤、早。

第三十章

原文

仲尼祖述堯舜，憲章文武①，上律天時，下襲水土②。辟如天地之無不持載，無不覆幬③。辟如四時之錯行，如日月之代明④。萬物並育而不相害，道並行而不相悖⑤。小德川流，大德敦化。此天地之所以為大也⑥。

譯文

孔子效法堯、舜，遵行周文王、周武王的典範。上遵天時的變化，下與水土相配合。好像天地，沒有一物不能扶持承載，沒有一物不能覆蓋籠罩。譬如四季的交錯運行，譬如太陽月亮的交替照亮世界。萬物並生而不互相妨礙。天地之道並行而不互相違背。小德有如小河的不停浸潤。大德使萬物受到敦厚教化。這就是天地之所以偉大的道理。

註釋與分析

①仲尼祖述堯舜，憲章文武。——

孔子效法堯、舜。遵行周文王周武王所建立的典範。祖述：效法。遵循前人（祖）的說法。憲章：動詞。以……為典範，為憲法、章程。按：《中庸》既為子思所著，此處直呼其祖父「仲尼」的名字，可能是抄錄錯誤！

②上律天時，下襲水土。——

上遵從天時變化，下與水土配合。律：在此為動詞。以天時為法則。襲：合。

③辟如天地之無不持載，無不覆幬。——

好像天地沒有一物不能扶持承載，沒有一物不能覆蓋籠罩。辟如：譬如。持：扶持。覆：覆蓋。幬：音導。覆也。「如王之無不幬也。」（《左傳》）

④辟如四時之錯行，如日月之代明。——

譬如四季的交錯運行。像太陽和月亮輪流照明。錯行：交錯運行。代明：交替照亮世界。

⑤萬物並育而不相害，道並行而不相悖。——

萬物一並生長，互不相妨害。天地的道同時運行，也互不相為悖。悖：亂，逆。

⑥小德川流，大德敦化。此天地之所以為大也。——

小德如小河流浸潤。大德使萬物受到敦厚教化。這就是天地之所以偉大的道理。

第三十一章

原文

唯天下至聖，為能聰明睿知，足以有臨也①；寬裕溫柔，足以有容也；發強剛毅，足以有執也；齊莊中正，足以有敬也；文理密察，足以有別也②。

溥博淵泉，而時出之。溥博如天，淵泉如淵③。見而民莫不敬，言而民莫不信，行而民莫不說。是以聲名洋溢乎中國，施及蠻貊④。舟車所至，人力所通，天之所覆，地之所載，日月所照，霜露所隊⑤；凡有血氣者，莫不尊親，故曰配天。

譯文

只有天下至聖的人，才能聰穎、有智慧，足以君臨天下。寬宏大量、溫柔敦厚，足以包容天下。奮發圖強、剛強堅毅，才能做正確的決定。嚴肅莊重、正直不阿，才能為人民所敬重。文章條理精密而觀察入微，才能辨別是非。

遼闊廣大，思慮深重，隨時節的更迭而運行。無比的遼闊有如上天，深遠無窮如深淵。出現時，人民無不尊敬。說話時，人民無不相信。推行政治時，人民莫不喜悅。是以名聲遍及國中，一直流傳到蠻貊之區。車船可到達的地方，步行可通過的地方，天所覆蓋的，地所負載的，日月所照臨的，霜露所能降到的地方，凡是具有血性的生物無不尊敬他。所以說聖人之德比得上上天。

註釋與分析

①唯天下至聖，為能聰明睿知，足以有臨也。——

只有天下的大聖人，聰明而富有智慧，能夠君臨天下。睿知：智慧。知智相通。睿：深明。通。

②寬裕溫柔，足以有容也。發強剛毅，足以有執也。齊莊中正，足以有敬也。文理密察，足以有別也。——

寬宏大量，溫和柔順，乃能包容天下。奮發圖強，剛而堅毅，能夠作正確的決定。嚴肅莊重，正直不阿，能為人民敬重。文章條理精密而精察細微，便是辨別是非。寬裕：寬、廣大。裕，充裕，輕鬆。有容：能包容。故云：「有容乃大。」發強：發奮圖強。強：力量。有執，有果斷。密察：詳密。洞察。有別：能辨別。

③溥博淵泉，而時出之。溥博如天，淵泉如淵。——

遼闊廣大，思慮深重，隨時節的更迭而運行。遼闊如天，深思熟慮。淵泉、深泉也。註：溥博淵泉，而時出之：言其「臨下處如深淵。」

④見而民莫不敬，言而民莫不信，行而民莫不說。是以聲名洋溢乎中國，施及蠻貊。——

表現，人民沒有不尊敬的。說話，人民沒有不相信的。行動，人民莫有不快樂的。因此，聲名廣泛流傳於國中，一直傳到蠻貊的地方。見，現。表現。現身。說：音悅。施及，延續到。

⑤隊——

墜。

第三十二章

原文

唯天下至誠，為能經綸天下之大經，立天下之大本，知天下之化育①。夫焉有所倚②？肫肫其仁，淵淵其淵，浩浩其天③。苟不固聰明聖知，達天德者，其孰能知之？

譯文

只有天下最具誠心的人（指聖人），才能分條合理、確立天下人行為的最高規範。樹立天下的根本法則。知道天地化育萬物之功。然而，哪兒還需要別的依靠？

真誠的人，像水一樣深沈、靜寂。像天一樣浩漫、廣大。若不是智慧通達天德的人，有誰能知道這層道理？

註釋與分析

①唯天下至誠——

聖人，為能經綸天下之大經。立天下之大本，知天地之化育。只有天下最具誠心的人，即聖人，才能分條合理，確立天下的最高規範。樹立天下的根本法則，知道天地化育萬物之功。經綸：以治理生絲之事，衍為規範政治的意思。朱注：「經者，理其緒而分之。綸者，比其類而合之也。」大經：常道、常法稱為經。大經、大法。化育：朱注：「助天地之化生，謂聖人受命在王位致太平。」

②夫焉有所倚？——

然而，哪兒需要別的依靠？倚：依靠。

③肫肫其仁，淵淵其淵，浩浩其天。——

真誠的仁，像水一樣深沉靜寂，像天一樣浩浩廣大。

④苟不固聰明聖知，達天德者，其孰能知之？——

若不是聰明智慧通達天德的人，有誰能知道這層道理！

第三十三章

原文

詩曰：「衣錦尚絅」，惡其文之著也①。故君子之道，闇然而日章；小人之道，的然而日亡②。君子之道，淡而不厭，簡而文，溫而理；知遠之近，知風之自，知微之顯，可與入德矣③。

詩云：「潛雖伏矣；亦孔之昭。」④故君子內省不疚，無惡於志。君子之所不可及者，其惟人之所不見乎⑤！

詩云：「相在爾室，尚不愧於屋漏。」故君子不動而敬，不言而信⑥。

詩云：「奏假無言，時靡有爭。」是故君子不賞而民勸，不怒而民威於鈇鉞⑦。

詩曰：「不顯惟德，百辟其刑之。」是故君子篤恭而天下平⑧。

詩云：「予懷明德，不大聲以色。」⑨子曰：「聲色之於以化民，末也。⑩」詩曰：「德輶如毛。」毛猶有倫。「上天之載，無聲無臭」。至矣。

譯文

《詩經》上說：「莊姜（衛莊公夫人）長得修長的身材，穿著錦繡的衣裳，外面卻罩著一件褧衣。」這是不願錦繡耀眼的花紋外露。所以君子之道，深藏不露。卻日益昭彰。小人之道，顯露無餘，卻日益消亡。君子之道，平淡而有意味，簡潔而有文彩。溫和而有條理。知道遠處的由近處而發生，知道風的來自何方。知道細微的事的顯然存在。這就可以和聖人之德相比了。

《詩經》上說：「潛伏在水中，但仍然被人看得清清楚楚。」所以君子自我反省沒有不安，心志無愧。他人比不上君子的原因，可能是在別人看不到的地方，君子仍能嚴以律己。

《詩經》上說：「人們注視你的居室，你要無愧神靈。」是以君子沒有任何動作。還是受到尊敬。沒有任何言談。還是為人所信。

《詩經》上說：「肅然無言，寂寂無爭。」故君子不用賞賜，人民也會努力向善。不用動怒，人民也自然畏服，如像見到鈇鉞一類的兵器一樣。

《詩經》上說「大大顯示出你的德性。百官自然就會拿你作榜樣。」是故君子篤厚謙恭。天下自然太平。

《詩經》上說：「我（上帝）」眷念你（指文王）純淨的德性。你不以惡聲與厲色自尊自大。」孔夫子說：「用惡聲厲色來感化人民。那是末等。

《詩經》上說：「德之輕有如羽毛。」有毛就還有形跡。「上天行事，無聲音，也無氣味。」這可說是最高的境界了。

註釋與分析

①《詩》曰：「衣錦尚絅」。惡其文之著也。——

「錦繡的衣服上再加上一件罩袍。」因為討厭錦衣上的花紋太顯眼！

《詩經》〈衛風。碩人〉：「碩人其頎，衣錦褧衣。」這是讚美衛莊公夫人莊妻的詩。意思是說：「莊妻長得修長的身材，穿著錦製的衣服。外面罩著一襲褧衣。」褧、絅二字通用，罩袍的意思。

②故君子之道，闇然而日章。小人之道，的然而日亡。——

所以君子之道，深藏不露，卻日益昭彰。小人之道，顯露無遺，卻日益消亡。闇然：隱藏不露。闇、暗。的然：鮮明，顯著。

③君子之道，淡而不厭，簡而文，溫而理。知遠之近，知風之自，知微之顯，可與入德矣。——

君子之道，平淡而有味道。簡潔而有文彩。溫和而有條理。知道遠處與近處。知道風之所來自何方。知道細微的事之顯然存在。這樣就可以和聖人的德相比了。

④《詩》云：「潛雖伏矣，亦孔之昭！」——

《詩經》〈小雅。祈父之什、正月〉：「昭」作「炤」。「（魚）雖然潛伏在水中，但是仍然被人看得清清楚楚。」昭：明顯。

⑤故君子內省不疚，無惡于志。君子之所不及者，其唯人之所不見乎？——

所以君子自我反省沒有不安，心志無愧。他人不及君子的原因，可能是別人看不到的地方，君子仍嚴以律己。疚：心中慚愧。志：心之所之曰志。

⑥《詩云》「相在爾室，尚不愧于屋漏。」故君子不動而敬，不言而信。——

《詩經》〈大雅。抑〉「相在爾室，尚不愧于屋漏。」在你的房間裏，人們也會看著你。希望你雖在幽暗之處，也不可去作那愧于心的事。」尚：希望。屋漏：幽暗之處。是故君子不必有所動作，也很恭敬。雖不說話，也表現得很誠實。

⑦《詩》云：「奏假無言，時靡有爭。」是故君子不賞而民勸，不怒而民威於鈇鉞。——

《詩經》〈商頌。烈祖〉：「鬷假無言，時靡有爭。」「肅然無言，寂寂無爭。」是故君子不用賞賜，人民自然努力向善。不用動怒，人民也自畏服，如見到鈇鉞等兵器。鬷：進奉。假：通格。感格。感通。靡：沒有。

⑧《詩》曰：「不顯惟德，百辟其刑之」。是故君子篤恭而天下平。——

《詩經》〈周頌。烈文〉：「大大的顯示出你們的德行，百官自然就會拿你們作榜樣了。」是故君子篤厚謙恭，天下自然太平。不顯：不、丕。丕顯，大大的顯示出。表現出。百辟：百官諸侯也。維：《詩經》中，維字有時是助詞，沒有意思。有時是「是」的意思。有時是「以」的意思。「惟」也是。用於語音為助詞。有時有「以」、「與」、「獨」等意思。刑、典型。

⑨《詩》云：「予懷明德，不大聲以色。」——

《詩經》〈大雅。皇矣〉：「我（上帝）眷念你的純明的德性，你不以惡聲與厲色而自尊自大。」

⑩子曰：「聲色之於以化民，末也。」——

孔夫子說：「用惡聲厲色來感化人民，那是末等。」

⑪《詩》曰：「德輶如毛。」毛猶有倫。「上天之載，無聲無臭」。至矣。——

《詩經》〈大雅。烝民〉：「德之輕如羽毛一樣。」有毛就還有物可比

（有形跡）。「可天生萬物，無聲音，無氣味。」這可說是最高的境界了。《詩經》〈大雅。文王〉：「上天之載，無聲無臭。」臭：氣味。載：行事。「上天行事，無聲無氣味。」

新銳文學叢書23　PA0064

新銳文創
INDEPENDENT & UNIQUE

中庸的故事

作　　者　劉　瑛
責任編輯　蔡曉雯
圖文排版　陳姿廷
封面設計　王嵩賀

出版策劃　新銳文創
發 行 人　宋政坤
法律顧問　毛國樑　律師
製作發行　秀威資訊科技股份有限公司
114 台北市內湖區瑞光路76巷65號1樓
電話：+886-2-2796-3638　傳真：+886-2-2796-1377
服務信箱：service@showwe.com.tw
http://www.showwe.com.tw
郵政劃撥　19563868　戶名：秀威資訊科技股份有限公司
展售門市　國家書店【松江門市】
104 台北市中山區松江路209號1樓
電話：+886-2-2518-0207　傳真：+886-2-2518-0778
網路訂購　秀威網路書店：http://www.bodbooks.com.tw
國家網路書店：http://www.govbooks.com.tw

出版日期　2013年3月　初版
定　　價　200元

版權所有・翻印必究（本書如有缺頁、破損或裝訂錯誤，請寄回更換）
Copyright © 2013 by Showwe Information Co., Ltd.
All Rights Reserved

Printed in Taiwan

國家圖書館出版品預行編目

中庸的故事 / 劉瑛著. -- 一版. -- 臺北市：新銳文創,
2013.03
面； 公分. --（新銳文叢；PA0064）
BOD版
ISBN 978-986-5915-54-4（平裝）
1.中庸 2.註釋

121.2532 102001055

讀者回函卡

感謝您購買本書，為提升服務品質，請填妥以下資料，將讀者回函卡直接寄回或傳真本公司，收到您的寶貴意見後，我們會收藏記錄及檢討，謝謝！

如您需要了解本公司最新出版書目、購書優惠或企劃活動，歡迎您上網查詢或下載相關資料：http:// www.showwe.com.tw

您購買的書名：________________________________

出生日期：__________年__________月__________日

學歷：□高中（含）以下　□大專　□研究所（含）以上

職業：□製造業　□金融業　□資訊業　□軍警　□傳播業　□自由業

□服務業　□公務員　□教職　□學生　□家管　□其它______

購書地點：□網路書店　□實體書店　□書展　□郵購　□贈閱　□其他

您從何得知本書的消息？

□網路書店　□實體書店　□網路搜尋　□電子報　□書訊　□雜誌

□傳播媒體　□親友推薦　□網站推薦　□部落格　□其他____________

您對本書的評價：（請填代號　1.非常滿意　2.滿意　3.尚可　4.再改進）

封面設計____　版面編排____　內容____　文／譯筆____　價格____

讀完書後您覺得：

□很有收穫　□有收穫　□收穫不多　□沒收穫

對我們的建議：________________________________

____

____

____

請貼
郵票

11466
台北市內湖區瑞光路 76 巷 65 號 1 樓
秀威資訊科技股份有限公司 收
BOD 數位出版事業部

（請沿線對折寄回，謝謝！）

姓　名：＿＿＿＿＿＿＿＿　年齡：＿＿＿＿　性別：□女　□男

郵遞區號：□□□□□

地　址：＿＿＿＿＿＿＿＿＿＿＿＿＿＿＿＿

聯絡電話：(日) ＿＿＿＿＿＿＿＿　(夜) ＿＿＿＿＿＿＿＿

E-mail：＿＿＿＿＿＿＿＿＿＿＿＿＿＿＿＿